EN LA GRANJA

Susie Behar

Ilustrado por Essi Kimpimäki

Kane Miller

A DIVISION OF EDC PUBLISHING

Nuestra granjera trabaja todo el año.

Se encarga de las plantas y de los animales, desde los manzanos hasta las vacas y las gallinas. Otros granjeros cultivan flores, calabazas y maíz.

Ilumina el reverso de las páginas con una linterna o ponlas al trasluz para revelar los secretos de las granjas. Descubre un mundo lleno de sorpresas.

Es invierno en nuestra granja y la granjera pone heno en el comedero para los animales.

¿Qué animales comen heno?

¡Ñam!

¡Ñam!

Las vacas comen heno.

Necesitan alimentarse bien para cuando llegue el invierno y el pasto se cubra de nieve.

¡Brrr! Hoy hace frío. Muchos animales de la granja se refugian en los cobertizos.

¿Quién vive en este cobertizo?

En este chiquero vive una cerda. Acaba de tener ocho lechones y los tiene que cuidar.

Los lechones se acurrucan en la paja al lado de su madre.

¡Snif! ¡Oink!

Cerca de nuestra granja hay otra granja enorme que tiene varios edificios grandes, como el granero y los establos para los animales.

También tiene una torre alta que se llama silo.

¿Quieres ver qué hay adentro?

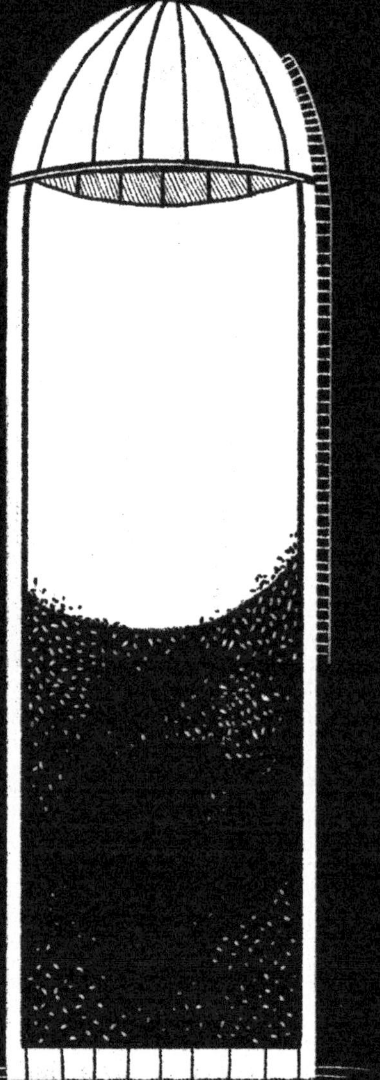

Los granos se guardan e
el silo para que estén
frescos y secos. Los
granos se usan para
dar de comer a los
animales en invierno.

Es primavera y han nacido muchos animales en nuestra granja. El veterinario va a examinar a un animal recién nacido.

¿Qué está haciendo el veterinario?

El veterinario escucha
el corazón del potro para
comprobar que está sano.
También va a examinar
a la madre.

Una oveja tuvo tres corderos por la noche. Uno toma leche acurrucado al lado de su madre y el otro duerme.

¿Dónde está el tercer cordero?

¡Aquí está!

La granjera le da leche con un biberón. A veces, la oveja no puede alimentar a todos sus corderos y necesita ayuda.

¡Glup!

¡Glup!

El gallinero es un corral
pequeño donde viven las gallinas.

Esta gallina se prepara para pasar
la noche en el gallinero. ¿Está sola?

No. Sus pollitos se esconden debajo de sus alas. Ahí están protegidos y calentitos.

Este granjero cultiva flores para venderlas.

¿Quieres ver dónde crecen?

Las flores crecen en un invernadero, que es como un túnel con paredes de plástico.

El invernadero deja entrar la luz del sol, pero protege a las flores del viento que podría doblar los tallos y quebrarlos.

Es verano y nuestra granjera está plantando verduras. En la granja hay un huerto de verduras muy grande.

¿Qué verduras crecen por debajo de la tierra?

Las zanahorias, cebollas y papas.

Estos vegetales son raíces que crecen por debajo de la tierra.

Los niños de una escuela visitan la granja y aprenden sobre los animales y las plantas.

¿Qué están aprendiendo ahora?

Observan cómo la granjera ordeña una vaca.

Aprieta con cuidado sus ubres
y recoge la leche en un balde.

En otra granja, un granjero cosecha heno. Una máquina llamada empacadora hace pacas con el heno cortado.

¿Cómo lo hace?

La empacadora de heno tiene muchos rodillos que recogen y le dan forma al heno.

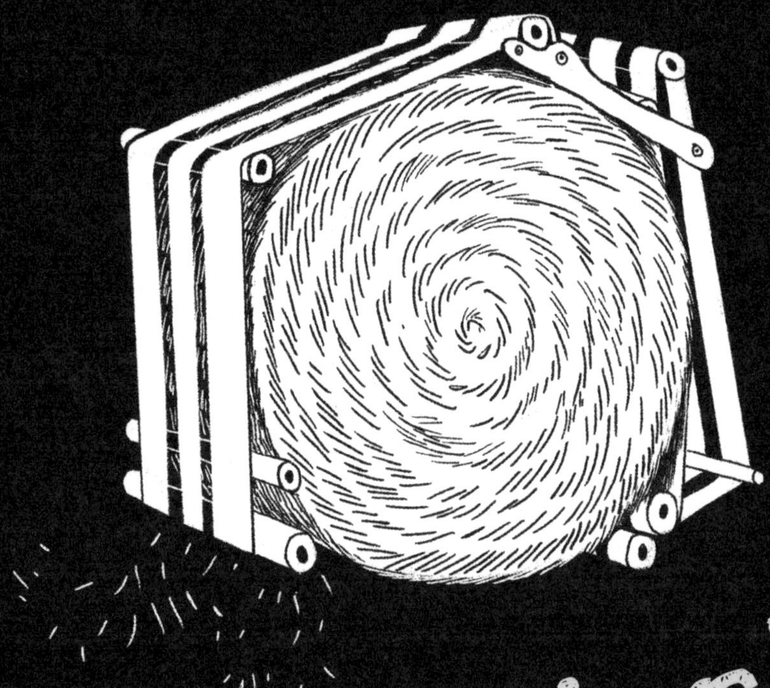

Las pacas mantienen el heno fresco y son fáciles de almacenar.

El verano da paso al otoño. En el huerto de nuestra granja, los manzanos están llenos de fruta deliciosa.Es hora de llenar las cajas de manzanas maduras.

¿Quién recoge las manzanas?

Hay muchas personas recogiendo manzanas. Algunas trabajan en la granja durante la época de la cosecha. Después de recoger todas las manzanas, se van.

Nuestra granjera y su familia también ayudan con la cosecha.

En esta granja tienen distintos cultivos. En primavera plantan maíz. El maíz crece durante el verano y se recoge en otoño.

¿Dónde está la parte del maíz que comemos?

¡Aquí está!

Las mazorcas
están protegidas
por unas hojas.

¡Cric!
¡Crac!

En el campo de maíz, la granjera puso una casita en un árbol.

¿Ves algún animal adentro?

¡Hay una lechuza!

La granjera construyó un hogar en su granja para la lechuza. La lechuza caza ratones que se comen las cosechas. La lechuza es un animal nocturno y caza por la noche.

Al final del otoño, los campos de calabazas de esta granja parecen vacíos.

¿Dónde están las calabazas?

Las calabazas están
en el remolque.

Las han cosechado
para llevarlas a las
tiendas y los mercados
para venderlas.

Se terminó la cosecha y la granjera tiene un puesto en el mercado. Vende jalea de cebolla y salsa de manzana.

¿Qué otros productos vende en el mercado?

También vende productos de las granjas de sus vecinos, como papas, huevos, maíz, zanahorias, calabazas, flores y manzanas.

Los granjeros trabajan mucho para que en sus granjas no haya ningún problema.

En la granja, todos los días hay muchas cosas que hacer.

Aún hay más...

Observa lo que pasa en una granja.

Productos lácteos Algunos granjeros tienen vacas que dan leche. Ordeñan vacas varias veces al día. La leche se bebe o se usa para hacer mantequilla, queso y yogur.

Tractores Los tractores son vehículos que pueden arrastrar cargas pesadas. Tienen motores potentes que, más que velocidad, les permiten remolcar máquinas y llevar herramientas. En las granjas, se usan tractores para llevar las empacadoras de heno, los arados y los remolques.

Espantapájaros Los espantapájaros se usan para mantener alejados a los pájaros y que no se coman los cultivos. Se piensa que los primeros que usaron espantapájaros fueron los antiguos egipcios (hace más de 3.000 años). Los ponían en las orillas del río Nilo para proteger sus cultivos de trigo.

Graneros Los granjeros almacenan el heno y la maquinaria agrícola en los graneros. En los graneros también pueden vivir animales como vacas, cerdos, gallinas, caballos, ovejas, cabras y burros. Ahí pueden pasar la noche y estar protegidos de la lluvia o del frío.

Veterinarios de granja Los veterinarios de granja curan animales como caballos, ovejas, cerdos y vacas. También ayudan a los granjeros cuando los animales paren, están enfermos o hay que vacunarlos contra alguna enfermedad.

Heno El heno es el pasto cortado y seco. Los granjeros lo usan para dar de comer a las vacas, caballos, cabras y ovejas. La paja no es lo mismo que el heno. La paja se hace con los tallos que sobran de los cultivos y se usan como lechos para los animales.

Productos agrícolas Muchos alimentos, como el cereal, el pan y las verduras, vienen de las granjas. Los granjeros venden sus productos en los supermercados, las tiendas y los mercados.

First American Spanish Language Edition 2019
Kane Miller, A Division of EDC Publishing

Spanish translation by Ana Galán
First published in the US in English in 2018 under the title, *On the Farm*.

Published by arrangement with Ivy Kids, an imprint of The Quarto Group.

For information contact:
Kane Miller, A Division of EDC Publishing
PO Box 470663
Tulsa, OK 74147-0663
www.kanemiller.com
www.edcpub.com
www.usbornebooksandmore.com

Library of Congress Control Number: 2018952978

Printed in China

ISBN: 978-1-61067-956-5